犯人？就是你

CAS OBERT

找線索、解密碼、玩推理，
給孩子的燒腦遊戲書

安潔絲・納維多
Àngels Navarro
—— 著 ——

喬帝・桑耶
Jordi Sunyer
—— 繪 ——

李家蘭 —— 譯

兵不厭詐

為了慶祝優金·庫斯運動場落成，一場直排輪曲棍球友誼賽即將展開，由JC兵工廠出戰運動生隊。但到了最後關頭，居然傳出兵工廠球星阿多夫膝蓋受傷的消息，友誼賽被迫取消。教練助理丹尼爾在更衣室的淋浴間發現了受傷的阿多夫。雖然阿多夫受傷後一直大聲求救，但丹尼爾五分鐘後才趕到，沒看見是誰打傷了阿多夫，只是急著叫救護車。

比賽開始的兩小時前，兩隊的領隊各自帶著球員參觀運動場。阿多夫在參觀活動結束以前就先行脫隊。此外，兵工廠的教練也提前離開，他必須在開賽前確認先發名單，跟助理溝通，還要準備器具並檢查輪鞋。

事件發生的時候，所有技術人員都忙著測試場上的計分板和音效設備。阿多夫的隊友馬丁也提前脫隊，沒有全程參與參觀活動。卡加多是運動防護員，根據他的證詞，阿多夫最近待人不太友善。卡加多說：「阿多夫這陣子講話很不尊重人，他到處散布謠言，說我不夠專業，應該把我換掉。我今天還沒幫他按摩。」

教練也向警察提供證詞：「從三個月前阿多夫受傷到現在，我們的關係越來越糟糕。他的個性變了，變得很容易生氣。他好久沒上場比賽，今天本來是他傷後復出的日子，但是我不想讓他上場。阿多夫受傷的這幾個月，馬丁的表現非常優異。」

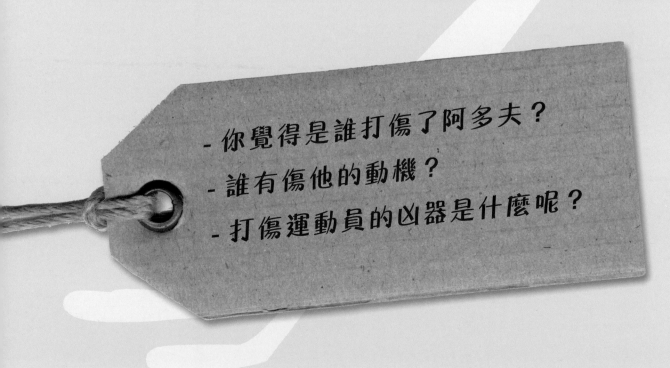

- 你覺得是誰打傷了阿多夫？
- 誰有傷他的動機？
- 打傷運動員的凶器是什麼呢？

線索1：圖片裡有六樣物品可以當做打傷阿多夫的凶器。找找看，並說說你的想法。

線索2：觀察圖片，分析嫌犯的肢體語言。你可以參考右頁的提示（線索2表格），看看哪些肢體表現其實是在告訴你，這個人正在撒謊。是誰隱瞞了真相？請指出來。

技術人員
我們在音效室專心工作。

馬丁
我沒去過更衣室。

教練
我不可能傷害球隊的隊長。

防護員卡加多
我不可能傷害任何人。

教練助理丹尼爾
我非常佩服阿多夫。

線索3：破案要有證據，所以必須檢查更衣室，阿多夫的櫃子裡或許會有線索。他的櫃子位在兩個不同顏色的櫃子中間，而且顏色跟對面的櫃子一樣。你知道哪個櫃子是阿多夫的嗎？

擬	隊	當	中	林
有	知	人	期	不
淋	想	費	讓	科
我	柱	上	火	場

阿多夫

線索4：警察在更衣室的長椅上發現一張紙條。仔細看，上頭有許多字。第一眼望過去，這張紙條沒有任何意義，但或許裡頭藏了祕密訊息。要解開字謎，請不要連著讀這些字。

線索5：仔細看右頁線索5的照片，圈出對破案有利的證據。
- 毛巾
- 沐浴乳和海綿
- 先發名單
- 扳手
- 寫了字的紙條
- 剪報
- 輪鞋和球棍

線索6：警察想要知道，如果阿多夫復出，誰會受到威脅？你認為呢？請選出一個嫌疑人。

A：丹尼爾，他一直希望自己能夠成為球員（因此非常崇拜阿多夫）。

B：教練，因為他跟阿多夫的關係惡化，而且認為阿多夫想要指揮整支球隊。

C：防護員，因為他不高興阿多夫到處批評他。

D：馬丁，因為只要阿多夫回來打球，他就不可能當隊長。

線索7：第二次審訊，防護員表示他曾經在更衣室看到某人的背影，但那個人不是阿多夫。你認得這個人影嗎？請說出他的名字。

線索8：馬丁、防護員、教練和教練助理都是此案的嫌疑人。解開這道謎題，就能知道犯人是誰。

· 犯人的鼻子很大
· 頭髮長的都不是犯人
· 眉毛粗的都沒有犯案
· 犯人沒戴眼鏡

你知道犯人是誰了嗎？

馬丁

防護員

教練

教練助理

線索2
表格

	技術人員	馬丁	教練	防護員	教練助理
顯得煩躁、緊張					
在回答問題前吞口水					
大冒汗					
迴避警察的視線					
抓或摸自己的臉、五官、頭髮					
啃指甲					
玩弄手上的戒指					

你可以把這個表格畫在自己的記事簿上。這是很有用的破案工具喔！

線索5 照片

先發名單
阿多夫
馬丁
杉杰
馬卡洛
西蒙

今日新聞
阿多夫重回JC兵工廠。馬丁丟失先發資格。
為了慶祝優金·庫斯運動場落成，一場直排輪曲棍球友誼賽即將展開，由JC兵工廠出戰運動生隊。

是誰打傷阿多夫？
犯人為什麼不希望阿多夫回來打球？
犯人是用什麼東西打傷阿多夫的呢？

7

名畫失竊案

為了慶祝現代藝術博物館的十週年紀念日，館長努莉亞女士籌辦了宴會，邀請知名藝術家和藝術評論家共襄盛舉。努莉亞也邀請了其他博物館的館長和文化界名人一起參加。除此之外，拉蒙也前來赴宴，他不只是博物館保險公司的專業職員，更是出色的藝術品鑒定大師。

宴會快結束的時候，拉蒙悄悄告訴館長，博物館最新買進的畫不是真品，展廳裡正掛著一幅假畫。館長嚇了一大跳，她把客人一一送走，然後通知警方，並找來博物館的全體工作人員。

經過一番審訊，大部分的工作人員都不可疑。警探宣布，在破案之前，誰都不准離開博物館。博物館內除了館長和拉蒙，還有展廳的行政男主管約翰、隔壁展廳的女主管安娜、文物修護師傑米，以及館長的私人助理瑪利亞。

第一個作證的人是拉蒙，他曾經參與這幅畫的交易，他說：「我五天前才完成鑒定，那時掛著的畫還是真品。我可以保證！」行政主管堅決表示自己不懂藝術，而且展廳這幾天並沒有發生異常的事情。瑪利亞向警察表示，她很少走到展廳裡來。傑米則強調，畫作的保存和修護需要高度集中精神，因此他幾乎從來不離開工作室。安娜回憶道：「這幅畫通過了拉蒙先生的鑒定，他說畫完全沒有問題。可是五天前，管理處還是下令把畫送到修護工作室再度檢驗。」

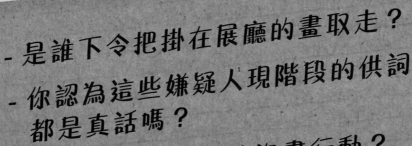

- 是誰下令把掛在展廳的畫取走？
- 你認為這些嫌疑人現階段的供詞都是真話嗎？
- 是誰籌劃了這次的盜畫行動？

線索1：我們可以透過某些測驗來判斷一幅畫的真假。你可以參考右頁的線索1列表。哪些測驗方法是可以在宴會中進行的？還是這些測驗全都必須在實驗室裡才能進行？拉蒙是怎麼一眼就看出這幅畫是假的呢？

線索2：拉蒙給警察看了一張照片，證明五天前牆上的畫不是現在這一幅。仔細觀察這兩幅畫，你能找出七個不同的地方嗎？

菲德爾·安德列
1940

線索3：假畫的七個錯誤當中，有一個東西應該不可能出現。重新檢查一遍，然後查看作畫的時間，你就會發現這個錯誤。

線索4：根據證詞和證據，館長已經完全沒有嫌疑，但是按照展廳女主管的說法，在宴會前重新檢驗畫作的命令，的確來自主管處。警察在瑪利亞的辦公室進行搜查，並在抽屜裡發現了這些物品。哪些可能是犯罪的物證呢？

線索5：幾乎所有嫌疑人都提出了證據，證明自己的清白，而且還提供了額外的線索。仔細閱讀下頁右邊的線索5表格。你覺得誰提出來證明自己清白的證據可能是假的，或者沒有什麼說服力，顯得相當可疑？提示：可能不止一人喔。

線索6： 警探想要深入調查從瑪利亞辦公室搜出來的地圖。如果按照圖中指示前進，就能找到真畫嗎？你覺得呢？你可以幫忙嗎？請從大廳出發，數格子前進，假裝自己真的在走路。

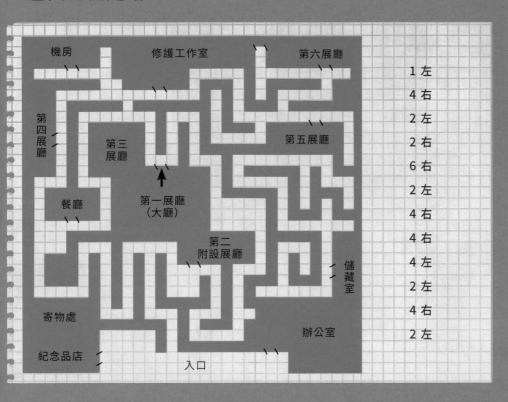

機房　修護工作室　第六展廳

第四展廳

第三展廳

第五展廳

餐廳

第一展廳（大廳）

第二附設展廳

儲藏室

寄物處

辦公室

紀念品店

入口

1 左
4 右
2 左
2 右
6 右
2 左
4 右
4 右
4 左
2 左
4 右
2 左

線索7： 地圖把你帶到一個有兩扇門的展廳，一扇門通向走道，另一扇門通往工作室。兩扇門都上了鎖，但兩個鑰匙孔一模一樣。所有嫌疑人都掏出了他們的鑰匙。誰有這個展廳的鑰匙呢？只有一個人有，還是很多人都有呢？

線索8： 打開展廳的門，可以看到一張圓桌。桌腳是鐵做的，桌上放著一些工具和幾罐顏料。館長驚呼：「這是約翰跟我要的桌子！他說要用來取下博物館的畫！」難道犯人是用這些工具和顏料，把真的畫從畫框裡拿出來，然後畫一張假的放回去？你認為犯人打算怎麼把真畫運出博物館？

11

線索1 列表

- X光和紫外線分析
- 紫外線攝影
- 用化學方法測試墨水和木材的年代
- 用筆跡分析法檢驗簽名
- 剖開畫框，檢查木料有沒有受損
- 檢查用來固定畫布的釘子是不是現代製品
- 分析顏料和亮光漆，確認畫作是否含有現代化學物質

線索5 表格

嫌疑人	證明清白的證據	可疑的地方
拉蒙	1. 是他發現這幅畫是假的 2. 與警方配合	沒有
努莉亞	1. 當時她不在館內	沒有
約翰	1. 他是展廳負責人，無論如何都不希望任何一幅畫出問題	1. 他沒提過這幅畫曾經被調走 2. 他的櫃子裡有兩本藝術方面的書、一張機票，還有曼谷拍賣會場的電話號碼
安娜	1. 是她告訴警方，即使拉蒙已經確認畫作的真偽，仍有人在五天前將畫調往修護工作室	沒有
傑米	1. 一直待在工作室 2. 四天沒來上班 3. 如果假畫是他畫的，就不可能出現那麼多錯誤。畢竟他是這麼棒的藝術家	沒有
瑪利亞	1. 喜歡畫畫，但從來不參觀博物館展廳。她有懼高症，也害怕坐電梯 2. 館長不在的那五天，她代替館長，獨自負責多項工作，忙得沒空犯案	1. 館長離開的五天，她都單獨工作 2. 她很喜歡畫畫 3. 畫作的一切調度都要經過她 4. 管理處的指令或許是她傳達的 5. 她的抽屜裡有一張博物館地圖和一張機票

是誰偷了這幅畫？
小偷為什麼要偷這幅畫？

綠洲郵輪破壞事件

綠洲郵輪載著大約兩千名旅客和超過六百個工作人員前往冰島。

今天稍早，郵輪撞到礁石，差點沉船。調查發現，這是有人故意破壞所造成的事故，機房有人為破壞的痕跡。輪機長說：「這起破壞行動發生在晚上九點鐘，我非常確定。那時我人在控制室，正在尋找大副。」撞擊造成旅客騷動，當時他們在舞廳玩得不亦樂乎（那時正好在舉辦「船長迎賓舞會」），還好沒有任何人受傷。

卡波特先生是偵探，也是郵輪的旅客。當大家得知貝爾蒙特女侯爵朱麗葉‧瓦爾加斯脖子上的二十克拉鑽石白金項鍊在人潮中失竊，不知去向時，就是由卡波特陪同船上的保全人員一起審訊船長、總經理、舞廳DJ、大副和輪機長。　這位古怪的女侯爵，每年都會戴著鑽石項鍊，和她那十隻約克夏名犬一起乘坐綠洲郵輪旅行。

DJ卡爾說：「撞船以後，我看到女侯爵離開吧檯，走向不斷大聲驚叫的群眾。接著，她轉過身，好像是在看舞臺上的船長。沒過幾秒，我發現船長跑到了女侯爵身後。我人在舞池上方的控制臺，距離酒吧大約三百多公尺，那裡的視野很好。」

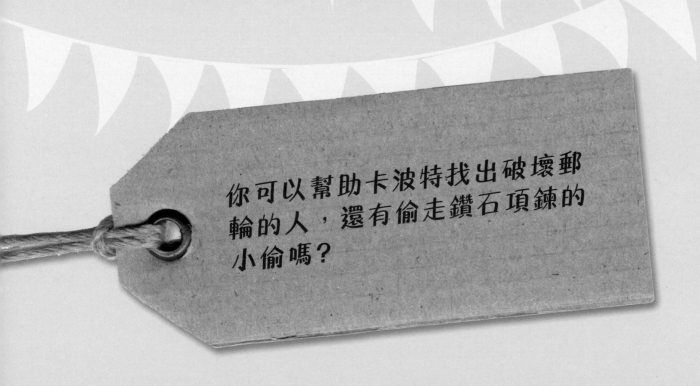

你可以幫助卡波特找出破壞郵輪的人，還有偷走鑽石項鍊的小偷嗎？

線索1：偵探剛剛聽完所有人的供詞，他想知道船被破壞，還有項鍊被盜時，每個人的位置。閱讀以下證詞，你知道是誰從頭到尾都在扯謊嗎？

- **大副說：**

　「竊案發生的時候，我正在控制室駕駛輪船。」

- **女侯爵怒氣沖沖地說：**

　「我在舞會現場呀。這是我第一次，也是最後一次搭乘這艘船囉！」

- **船長回答：**

　「撞船的時候，我在樂團旁邊。我爬上舞臺是為了看清楚當時的狀況。直覺告訴我事情不妙。」

- **輪船的總經理說：**

　「我看過女侯爵的那顆鑽石，非常耀眼呀！還好大副一直在她旁邊。我整場舞會都沒離開船長半步，意外發生以後，船長走上舞臺，我也跟著上去，我一直都跟船長在一起。」

線索2：你能不能幫助偵探辨別船上的人員？辨認制服並不容易，不過，只要讀完以下提示，就可以判斷出每個職位的獨特臂章。這對調查為什麼有幫助，你覺得呢？

船長 – 輪機長 – 保全隊長 – 大副

- 船上最高職位的臂章有四條黃槓
- 大副的臂章有三條黃槓
- 輪機長的臂章有三條粗細相同的黃槓
- 剩下的臂章槓條數比較少

線索3：仔細觀察螺絲和五樣工具。請說出哪一種工具不可能轉開遭到破壞的螺絲。

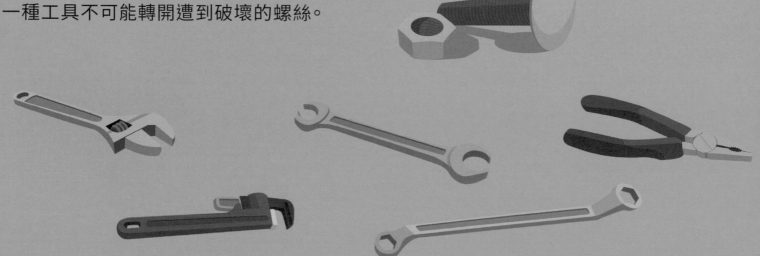

線索4： 卡波特想要確認 DJ 的證詞是否可信。請參考右邊的線索4提示，了解從不同距離可以看到哪些東西，然後回答下面的問題：

「你覺得卡爾能看到女侯爵身後正在偷東西的人嗎？你覺得卡爾能看到小偷的臂章嗎？」

線索5： 請觀察大副被扯破的袖子。你覺得他的袖子是怎麼弄破的呢？

— 轉開螺絲時被機器弄破的

— 被樂團的鋼琴蓋鉤破的

— 偷鑽石的時候被女侯爵的狗咬破的

線索6： 偵探在大副艙房的垃圾桶找到一張撕破的紙條，上頭的內容對破案非常有幫助。你可以把便條拼回去，然後讀出內容嗎？

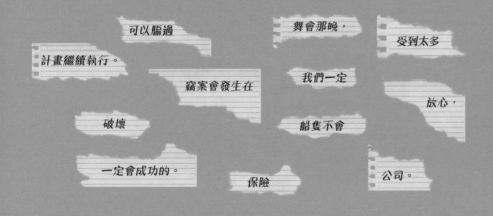

可以騙過

計畫繼續執行。

舞會那晚，

受到太多

窺案會發生在

我們一定

破壞

放心，

船隻不會

一定會成功的。

保險

公司。

線索7： 快要破案了。只要找到鑽石項鍊，就可以解開謎團。卡波特認為項鍊藏在大副艙房的保險箱裡，但是他不知道密碼。你能幫助偵探找出密碼嗎？把下面的數字相乘，答案就是密碼。

— 一克拉等於0.2克
— 一克拉鑽石要6,200歐元
— 女侯爵的鑽石重量是20克拉

女侯爵的鑽石項鍊是否就藏在大副的保險箱裡？
他們兩人都有罪嗎？

在一定距離外，能夠看到什麼呢？

— 距離50公尺，可以看清對方的眼睛和嘴巴。

— 距離100公尺，眼睛只剩下兩個黑點，看不到衣服的細節，像是徽章和鈕扣。

— 距離300公尺，人臉完全模糊不清。

— 距離400-500公尺，還能看出衣服的顏色，如果對方戴著帽子，也能看見。

— 距離600公尺，整個頭只剩下一個黑點。

— 距離700公尺，整個人看起來就像一條黑線。

線索7 保險箱照片

商場離奇大火

好買家商場在今日晚間發生火災，有人趁機偷走了準備發給員工的薪水。

經過消防隊長確認，這是人為災害，有人在配電箱上裝了定時器，造成電線短路，引發火災。火災發生在19點35分，直到20點整才撲滅，幸好火勢沒有蔓延到商場的售貨區和送貨區。火災發生的時候，商場裡已經完全沒有客人了，只剩下露西和安德列兩位職員、會計師麥克、搬運工老吳，還有老闆彼得。

警察在商場側門找到一條從頂樓垂掛下來的可疑繩子。繩子的尾端沒有綁任何東西。商場旁的小巷子只停了一輛淺色轎車。監視器錄到一名員工（暫時還不知道是誰）在18點30分離去。

彼得說：「商場生意不大好，這次薪水被偷更是雪上加霜。做出這件事的人也不想一想，這樣一來我可要關門了。」

會計師麥克作證：「警鈴響起的時候，我在辦公室裡準備員工的薪水。警鈴一響，我就趕緊往街上跑，沒鎖保險箱。等到我那層樓的火撲滅後，我才回到辦公室，卻發現錢和員工的薪資條都不見了。」售貨的女職員向警察解釋，警鈴開始響的時候，她正在洗手間，所以拖了一點時間才逃到街上。

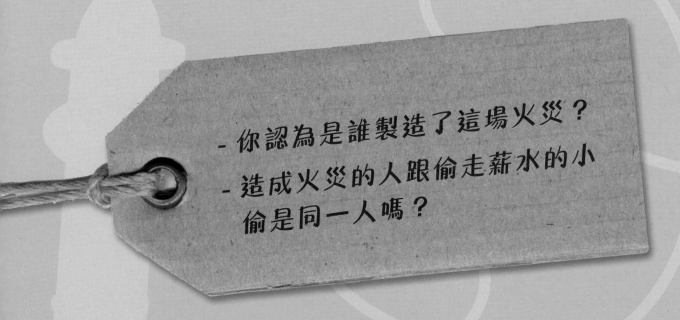

- 你認為是誰製造了這場火災？
- 造成火災的人跟偷走薪水的小偷是同一人嗎？

線索1： 消防隊發現一個自製定時器，研判就是這個定時器使電線短路，冒出火花，最後造成火災。定時器設定在時鐘指針（時針和分針）呈180度時開始計時，最後在19點35分起火。請問定時器設定的時間是幾點呢？

A：18點10分
B：16點45分
C：19點05分

線索2： 請描述所有嫌疑人的長相、身材和服裝。下頁右邊的線索2特徵列表能夠幫你的忙。

露西

麥克

安德列

彼得

老吳

線索3： 警察在調閱監視器紀錄後發現，有一個員工在商場關門以前就先離開了。沒過多久，又有兩個人走掉。麻煩的是，監視器的畫面很模糊，只能看出先走掉的那人身上穿著同樣顏色的上衣和鞋子，而褲子和領帶則是兩個不一樣的顏色。下面三人當中，是誰在起火前先離開商場？你知道他的名字嗎？

線索4： 下列供詞表格裡，每一直行都有一則是假的；每一橫列也有一則是假的。請完成以下表格。

	彼得		露西		麥克	老吳	
1	警鈴響起時，我正在廁所。裡頭只有我一個人。	真	警鈴響起時，我正在洗手間。	假	警鈴一響，我就跑下樓，到街上去。	我往街上走的時候，看到露西正往樓上去。	真
2	我對員工很好，付他們很高的薪水。	假	我不懂電力和電路。火災不是我引起的。	真	我沒鎖保險箱。	我在19點時下樓到麥克先生的辦公室，想要跟他談加薪，但他不在那裡。	
3	員工專用入口只有三支監視器拍得到。		我跟麥克很熟。他家到處都是自己發明的怪機器。	真	我擅長自己動手製造東西，尤其是電器產品。	亂講，我才沒有常常遲到！我晚下班是因為我喜歡我的工作。	
4	沒錯，我很喜歡電機，而且我也很有天分。		安德列在18點30分離開。我代他的班。他跟女朋友吵架了。	真	總配電箱上的定時器不是我裝的。我沒離開過辦公室。	我下樓的時候，麥克正走向旁邊的小巷子，所有車都停在那裡。	真

線索5： 右邊的線索5紙條記錄了警方和會計師的對答。你可以從哪兩個地方看出會計師在說謊呢？

線索6： 偵探決定採集保險箱和總配電箱上的指紋。對比右邊的線索6指紋卡和下方的採集結果，找出兩組一樣的指紋。

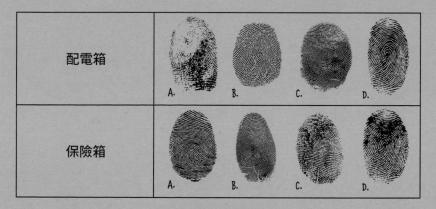

線索7： 彼得、露西、麥克和老吳四人都有嫌疑，但犯人只有兩位。試著推理，認出犯人。

- 如果彼得是犯人，麥克就是無辜的；如果麥克是犯人，彼得就是無辜的。
- 如果麥克是無辜的，那露西也是無辜的。
- 如果麥克是犯人，老吳就不是犯人。
- 麥克是其中一個犯人。

  另一個犯人是誰呢？

線索5 紙條

- 您有沒有去主控室安裝定時器呢？
- 我一步也沒離開我的辦公室！今天剛好要發薪水，所以我必須準備員工的薪資條。而且定時器開始計時的時間是19點05分，那時我正在辦公室裡跟安德列開會。

線索6 指紋卡

姓：古茲曼
名：露西
出生日期：1987/02/05

姓：卡里羅
名：麥克
出生日期：1957/06/01

兩位犯人分別是誰呢？
是誰造成商場失火呢？
是誰偷走了所有人的薪水呢？

派對驚魂

城裡勢力最龐大的家族在郊區豪宅舉辦派對，並邀請親朋好友一起參加。

豪宅面積有五百平方公尺，加上花園就有一千平方公尺，裡面種了許多熱帶植物，令大家嘖嘖稱奇。派對主人請來目前最紅的魔術師吉爾來帶動氣氛，吉爾的脫逃術名聞世界，他能掙脫手銬、瘋人衣，以及用鐵鏈捆鎖的木箱、水箱、籠子等封閉空間。今天晚上，他要表演一套新的脫逃秀。他和助手琳達帶著所有道具提早好幾小時抵達大宅，在這期間，兩人都不曾踏出大宅一步。

屋主尹保羅向偵探解釋：「大家都非常期待。客人大約在8點時到齊，節目則安排在10點鐘。突然間，我聽到有人大叫，等我趕到魔術師吉爾的房間時，他已經失去意識倒在地上了。」尹太太瑪麗接著補充：「吉爾的助手在他身邊大哭。」

魔術師身邊有一些泥土。陽臺的窗子敞開，有一片玻璃破了，可能是犯人在傷了魔術師之後，破窗逃跑時弄破的。站在陽臺旁邊的是傅大衛，他是受邀來參加派對的客人。偵探在玻璃碎片旁發現了一些泥土。尹保羅的太太解釋：「可能是園丁羅伯特做的好事，是他向我們推薦這個魔術師，他們之間可能有什麼關聯。」

魔術師醒來以後，清點了表演道具。然後，他又大叫一聲——脫逃秀的特製鎖頭被人偷走了！

- 是誰傷了魔術師吉爾？
- 犯人的目的是什麼呢？

線索1：選出六個碎片，把破掉的玻璃重新組好。有一片是多餘的，你知道是哪片嗎？

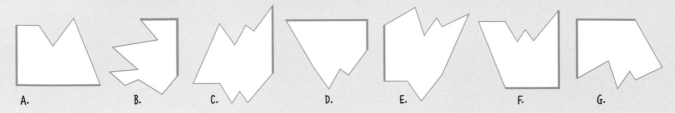

A.   B.   C.   D.   E.   F.   G.

線索2：魔術師遭人攻擊的房間陽臺底下有一個鞋印，但是鞋跟的部分很模糊。你能看出這個鞋印是哪隻鞋子造成的嗎？

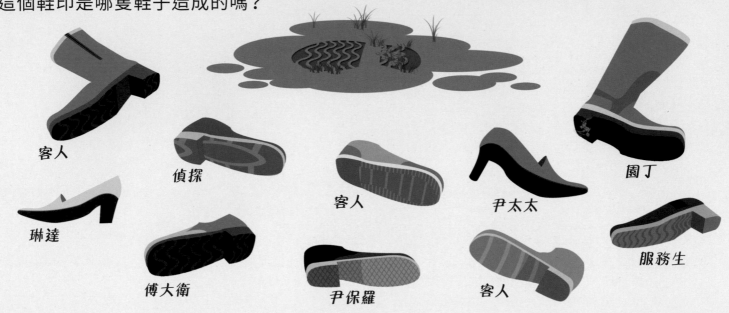

客人

偵探

客人

尹太太

園丁

琳達

傅大衛

尹保羅

客人

服務生

線索3：偵探為了找出小偷的路線，正在搜查花園和周邊建築物。下面有張簡單的地圖幫助你尋找腳印和證據。如果想從大宅出發，經過所有地點，最後再回到大宅，你知道有哪些走法嗎？（注意每個地方只能經過一次。）

溫室

馬廄

池塘

客房

大宅

2   3   7   6   8   1   5   4

線索4：偵探仔細檢查了玻璃碎片，並在上頭發現一些沒有意義的符號。他們後來才知道，那其實藏有祕密訊息。為了解開謎題，把每組字中間那個字刪掉，就能知道玻璃上寫了什麼。

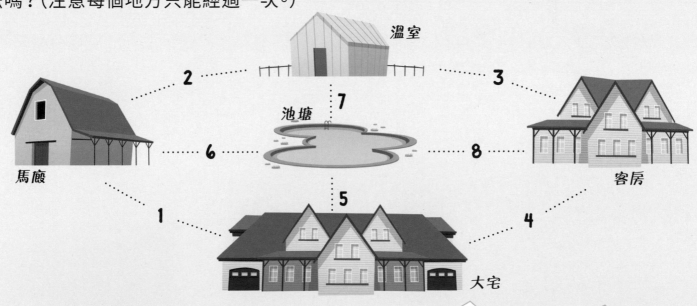

扌U巴   丁之旦   門午开   从力木

手中戈   亻月門   一米人   宀日屯   目天儿

線索5： 五位客人表示，在他們抵達時，剛好有一輛車高速駛離大宅。你能不能根據客人的供詞，推理出駛離大宅的是下面哪一輛車？請注意：有人把車牌上的數字看成字母，另外還有一個錯誤喔。

－那輛車是銀色的，而且保險桿的右邊有被撞的痕跡。
－有一個後車燈壞了，好像是右邊的燈。
－車牌字母是H、G和Z，還有7和9兩個數字。
－車牌上有7、0，還有英文字母B。
－車子豎著天線，還把右邊的後照鏡合起來了。

線索6： 請仔細觀察以下從園丁木屋找到的物品，說說看，你認為哪些可能是用來傷害魔術師的凶器？

線索7： 徹底搜查園丁木屋之後，說說看，你從右邊線索7照片上那雙靴子看到了什麼？

線索8： 偵探發現，駛離大宅的車是琳達的，可是她一步也沒離開大宅。開車的人是誰呢？她跟偷鎖事件有什麼關聯？將右手邊線索8的偵探筆記整理好就可以破案囉。

是誰打傷了魔術師？
是誰跟犯人合夥作案？
他們為什麼想搶走這個特別的鎖呢？

線索7 照片

線索8 偵探的筆記

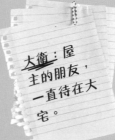

嫌疑人＝男人
鞋印已經招供啦！

大衛：屋主的朋友，一直待在大宅。

琳達看起來一點也不悲傷，事情不太對勁！！！（貓哭耗子──假慈悲）

魔術師是園丁推薦的？（事情不太對勁）

主人夫婦有涉案嗎？他們倆都沒有動機啊。

花園的泥土跑到房間裡了。

魔術師好像是被棍子打傷的。

園丁加入了國際魔術師協會＝重要線索。

魔術師的新節目裡，最重要的就是那個鎖，只有琳達知道這一點。重要線索！她的老闆不再是世界第一魔術師囉！

天王金曲竊盜事件

饒舌天王樂團BIG RAP一共有三名成員，在停工好幾個月之後，終於重返歌壇，巡迴演出的第一場演唱會也獲得非常好的回響。這個樂團曾經落寞好一陣子，幾乎失去號召力，可是自從換了年輕又有活力的經紀人阿雷，他們又紅了起來。前一個經紀人安德列代理的藝人越來越多，沒有空管他們，最後害他們幾乎沒有上臺的機會。安德列今天也有來看表演，大家都在停車場看到他的身影。不過有八卦說他的公司即將倒閉。

樂團成員的藝名分別是帽子（他是主唱、吉他手，也是團長，人稱「帽子」是因為他總是戴著一頂帽子）、另一個吉他手路痴，以及幫帽子和聲的迪哥。他們按照一般樂團的習慣，演唱完後，就在帽子的休息室裡簽名，花了兩個小時。秀場保全人員發現團長的時候，其餘兩個成員已經坐在廂型車裡，等著離開。團長頭部遭到重擊，倒在休息室的地板上。犯人不但攻擊了團長，還拿走一把昂貴的吉他，以及露營用的冰箱。迪哥與路痴簽完名後，就回到各自的休息室。工作人員馬丁忙著把所有器具搬上廂型車，阿雷則留在自己的車上，用手機發簡訊。

阿雷聽到消息後大發雷霆，他大吼大叫：「我不懂，不是已經清場了嗎？連最後幾個粉絲也走光了，場內都是自己人才對！而且，小偷怎麼知道冰箱裡藏著新專輯的母帶？這是帽子的怪習慣，隨身攜帶露營用冰箱，當作保險箱用！沒有母帶，專輯就不能上市，已經講定的宣傳演唱會就必須取消。真是糟糕透了！」

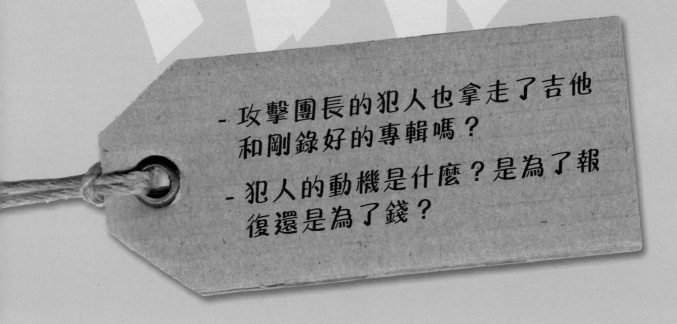

- 攻擊團長的犯人也拿走了吉他和剛錄好的專輯嗎？
- 犯人的動機是什麼？是為了報復還是為了錢？

線索1：為了破案，首先要弄清楚每個成員的休息室。跟著這些線索就可以知道答案。有人使用的休息室包括19、33、35和37號房。

- 主唱的休息室房號是3的倍數
- 馬丁的休息室離三個藝人很遠
- 解開算式，就能知道身穿連帽衫的藝人使用的是哪一間休息室：(3X3)+10+(10+8)
- 最後一位藝人的休息室房號你應該已經知道了

線索2：請仔細觀察圖中的休息室。你認為團長帽子可能是被什麼東西攻擊的？哪些地方最可能留下指紋？

線索3：經紀人說，粉絲離開以後，只有團員和他留在表演場地，但那時秀場其實還有兩位工作人員：保全隊長和廂型車司機。前經紀人安德列已經離開，但他曾經在休息室附近走來走去，逛了好一陣子。為了找出偷東西的主要嫌犯，請把下頁右邊線索3的卡片內容抄下來，然後把所有出現不只一次的名字都劃掉。最後，你會獲得一張只有三個名字被劃掉的卡片，你要找的主嫌就在這張卡片上。

線索4：藝人進出秀場的門，跟員工和觀眾用的都不一樣，那扇門的外頭是泥土路。檢查整個區域後，查獲八道輪胎痕，由三輛不同的車留下。你能不能照邏輯推斷，這是哪些人的車？誰有通行證，能夠自由進出藝人專用的車庫？

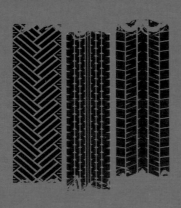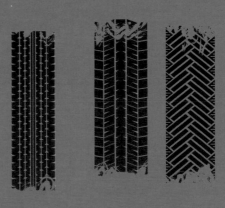

線索5：安德列是主要嫌犯，所以偵探決定重新審問。他的供詞有一個矛盾的地方，你找出來了嗎？請參考右邊線索5的供詞內容。

線索6：搜查安德列的轎車，結果發現好幾個連著耳機的音樂播放器。你可以幫忙弄清楚，哪一副耳機連著哪一個播放器嗎？

線索7：最後，所有的罪證都指向安德列。警方在安德列的後車箱找到了吉他和冰箱，而且其中一臺播放器正在播放新專輯的CD。下面哪一項是安德列的犯案動機呢？看來不止一個耶！

—安德列只是想開個小玩笑。

—他要破產了，所以打算賣掉帽子的吉他，換得一些現金。

—他覺得偷東西很有趣，成功以後要講給孩子和朋友聽。

—阿雷是安德列的競爭對手，安德列想要扯阿雷後腿。

—他一直受不了帽子總是帶著裝滿飲料的冰箱到處跑，而且還把重要的東西收在冰箱裡頭。

—饒舌天王樂團把他開除，他忍不下這口氣。這麼做是為了報復。

—他偷了新專輯的歌，想要拿給自己代理的樂團。

—他很喜歡那把吉他和冰箱，一直想要占為己有。

線索3 卡片

帽子	馬丁		路痴	技術人員1
路痴	技術人員1		馬丁	保全人員
司機	保全人員		司機	技術人員2

馬丁	迪哥		帽子	技術人員2
阿雷	技術人員2		司機	技術人員1
司機	安德列		馬丁	路痴

線索5 供詞

我不可能打人，也不可能偷帽子的東西。他曾經是我管理的藝人，再怎麼說也是朋友！我在走廊散步，回憶過去，突然間發現有人走進帽子的休息室。那人大概在裡面搬東西，因為我聽到一些碰撞聲，接著他把門鎖了起來。幾分鐘後，有人在休息室裡大叫——是帽子的聲音。那時我離休息室還有一段距離，等我稍微靠近，發現有另一個人也在往那個方向走，那人突然開門，走進休息室，接著便大聲呼救，因為帽子受傷了。

線索7 安德列的照片

安德列

你已經明白這起攻擊和偷盜事件的動機了嗎？

劈哩啪啦馬戲團事件

劈哩啪啦馬戲團於星期一來到本市。今天一早,馬戲團宣布,16點30分將舉辦遊行表演。加披耶里是節目主持人,也是馬戲團的團長兼董事。大家在排練的時候他要負責再次檢查表演細節。劈哩啪啦馬戲團總人數超過五十人,包含小丑、雜技員、特技摩托車車手、平衡大師、空中飛人、魔術師等,他們都來自不同的國家。然而,今天全世界的焦點都在俄羅斯鋼索美女塔麗蓮身上,這是她的第一場單人表演。

塔麗蓮的彩排時間是上午11點。她是鋼索上的天使,不只能蒙著眼走在鋼索上,甚至還可以一邊踩高蹺或騎腳踏車。塔麗蓮來自知名的鋼索雜技家族,可是她決定離開家,成為獨立的表演者,也因此招來一些敵人。

今天早上,塔麗蓮在爬上半空中的單輪車時,繫在兩根大柱子之間的鋼索突然從中間斷開,害她從三公尺的高空跌了下來(正式演出的高度超過八公尺),摔進事先準備好的安全水池。單輪車掉了下來,碎成兩半,不能用了。還好塔麗蓮身上綁著安全吊帶,所以沒有受傷,有驚無險。但是,塔麗蓮經紀人的一聲尖叫,嚇壞了市中心所有的人。經紀人認為,這分明是有人想要妨礙塔麗蓮,阻止她下午的演出。塔麗蓮、經紀人、節目主持人和技術主管在經紀人女友達米雅的白色露營車前集合,一起去檢查設備。有人在綁鋼索的地方動了手腳。技術主管說:「看起來像是被力氣很大的人扯掉的。」

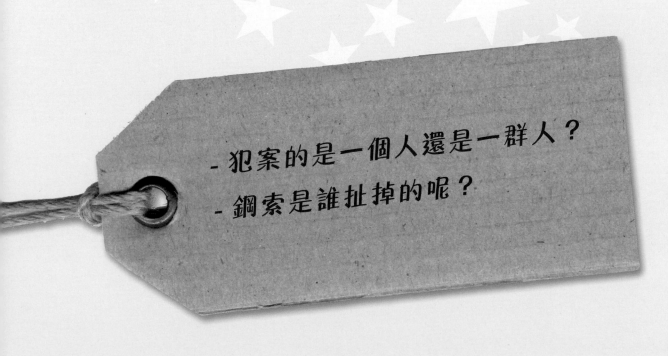

- 犯案的是一個人還是一群人?
- 鋼索是誰扯掉的呢?

線索1：馬戲團的成員太多，偵探已經分不清誰是誰。以下提示包含團員的姓名、國籍和職位，你能用這些資訊，幫助偵探找出與案件相關的人嗎？你可以使用下頁右邊的線索1表格。

- 塔麗蓮和經紀人都不是義大利人，也不是西班牙人
- 技術主管叫做阿東，他是西班牙人
- 經紀人的名字不是丹堤
- 有個少女姓巴斯雷夫，是走鋼索的藝人
- 丹堤是馬戲團的團長，有位俄羅斯男士叫做阿樂
- 剩下的人姓加披耶里（義大利人）、伊瓦諾夫（俄羅斯人）和易谷恩（西班牙人）

不可愛不在家

貴人多忘事記事本

線索2：警方搜查塔麗蓮的露營車，看到鏡子上有一些記號。她向警察解釋，那是她小時候和經紀人一起發明的密碼，沒有幾個人知道。這時，她注意到鏡子上有她不認識的字跡。對照鏡子上方的文字，解開祕密訊息。

線索3：鏡子上的留言好像是一種威脅，所以更要小心，趕快從員工裡找出犯人。警方首先審問技術主管，接著是經紀人和達米雅。在這三人當中，有一人撒了兩次謊，另一人一次，最後一人則沒有撒謊。參考下頁右邊線索3的審訊內容，你能找出是誰撒了兩次謊嗎？

來自摩洛哥
劈哩啪啦馬戲團
鋼索天使：達米雅
最精彩的空中特技表演

線索4：達米雅是經紀人的女朋友，到目前為止仍是馬戲團最重要的明星。她身懷各種絕技，其中最受歡迎的表演是從半空中順著絲帶滑落到白馬身上。你能不能幫助偵探，判斷宣傳單上的四張圖分別代表哪種表演？

- 空中飛人
- 空中吊環
- 空中絲帶
- 高空雙繩特技

線索5：經過仔細檢查，警方在綁鋼索的地方找到一些證據。推理看看，這些東西是誰的？

羽毛

馬糞

裙子的裝飾

止滑粉

線索6：現場有一些動物的腳印，你知道這是什麼動物留下的痕跡嗎？跟著腳印走，有沒有發現人類的腳印？有人帶領這些動物一起行動嗎？

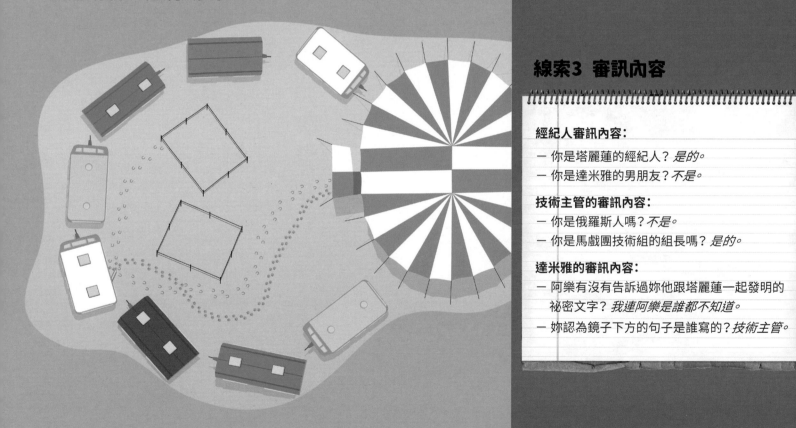

線索7：事發當時，小丑多多正躲在大炮裡練習他的表演。他向警方提供了新的線索。仔細閱讀他的供詞，找出事件的合理解釋。

「11點的時候，我在大炮裡練習我的搞笑節目。突然間，我聽到馬兒紅寶和狗狗布魯走過來的聲音，接著紅寶開始嘶鳴，布魯也吠個不停。我從大炮探出頭，看到紅寶正用力扯著鋼索支撐架，好像有人在前面引導牠，眼看柱子就要倒了。但我什麼人也沒看見。」

線索1 表格

描述正確的打勾；
描述錯誤的打叉。

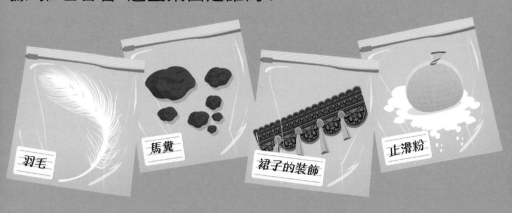

		姓				國籍				職業			
		伊瓦諾夫	巴斯雷夫	加披耶里	易谷恩	俄羅斯	西班牙	義大利	俄羅斯	鋼索雜技師	經紀人	技術主管	團長
名	丹堤												
	阿樂												
	塔麗蓮												
	阿東												
職位	鋼索雜技師												
	經紀人												
	技術主管												
	團長												
國籍	俄羅斯												
	西班牙												
	義大利												
	俄羅斯												

線索3 審訊內容

經紀人審訊內容：

— 你是塔麗蓮的經紀人？*是的。*

— 你是達米雅的男朋友？*不是。*

技術主管的審訊內容：

— 你是俄羅斯人嗎？*不是。*

— 你是馬戲團技術組的組長嗎？*是的。*

達米雅的審訊內容：

— 阿樂有沒有告訴過妳他跟塔麗蓮一起發明的祕密文字？*我連阿樂是誰都不知道。*

— 妳認為鏡子下方的句子是誰寫的？*技術主管。*

你知道害塔麗蓮不能表演的人是誰嗎？
你認為犯人為什麼要這麼做？

感染病疫苗失竊事件

中央大學生物系獲得國家資助，與三安製藥廠合作，展開「B型感染病研究計畫」，研發預防疫苗。全球有百分之五的青少年不幸感染這種嚴重的疾病。柯米娜醫師是計畫主任，領導研究小組將近兩年，馬上就會有成果了。疫苗將能避免很多年輕人生病，提高研究單位的名聲，也會讓柯米娜醫師出名。對製藥廠來說，他們可以把疫苗賣到全世界，帶來許多生意機會。

實驗室的安全措施非常嚴密：工作小組被完全隔離，實驗室裡設有監視器，另外還有守衛、警鈴、控溫系統、出入口掃描、外區專員的特別通道等。今天一早，醫師來到實驗室，卻發現存放樣本的冰箱門竟然開著，而且裝有疫苗的試管不翼而飛。小組資歷最深的科學家阿峰趕緊說：「偷走疫苗的人一定不懂生物學，也不是科學家，因為他不但穿了正壓防護衣，還淋浴殺菌，小偷不知道疫苗不是汙染物質。」

夜班守衛滿身大汗，手拿著帽子說：「我今天剛好遲到五分鐘，19點35分才打卡。掃描器故障，停了大約五、六分鐘。但是我進來之後，一直到凌晨3點30分都沒有離開，也沒有發現任何異常狀況。我有完整的人員進出紀錄，還有監視器的備份畫面。」阿峰和柯米娜醫師表示，他們整晚都待在自己位於實驗室樓下的房間。實習醫師紀美娜說：「我在生物學家彼得的房間看了三集連續劇，他是全世界最有趣的美國人。」

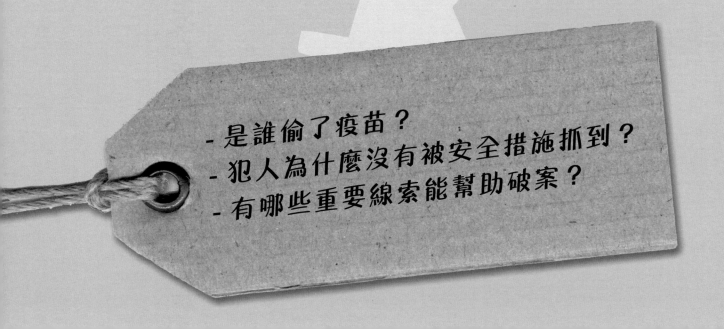

- 是誰偷了疫苗？
- 犯人為什麼沒有被安全措施抓到？
- 有哪些重要線索能幫助破案？

線索1：憂心忡忡的柯米娜，沒注意到冰箱裡貼著一行密碼。你能不能幫她解開？參考下頁右邊的線索1提示解開密碼，橘色代表聲調。

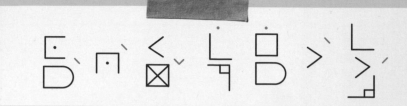

線索2：守衛記錄了每位員工離開的時間。下面時鐘顯示的是柯米娜離開的時間。參考以下紀錄，找出最後離開實驗室的人，以及每個人下班的時間。

－ 日班守衛比柯米娜醫師早三分鐘離開。

－ 阿峰比彼得早七分鐘離開。

－ 跟阿峰開會的製藥廠老闆比阿峰早走五分鐘。

－ 彼得比計畫主任晚十八分鐘離開。

－ 紀美娜要把試管收進冰箱才能下班，所以比彼得晚離開。她收試管所花的時間，
　跟彼得在柯米娜醫師離開後所逗留的時間一樣長。

線索3：根據手邊的線索和以下提示，你認為哪些人最有嫌疑？選出一個或多個嫌疑人。

－ 大家都知道三安製藥廠才是這個計畫的合作單位，但阿峰卻跟佳豪製藥廠的老闆見面。

－ 最後一個離開的人是紀美娜。

－ 夜班守衛雖然晚到，不過還是在前個守衛離開後一分鐘就到了。

－ 偷疫苗的人應該已經離開這棟大樓了。

阿峰 – 紀美娜 – 夜班守衛 – 佳豪製藥廠的老闆

線索4：仔細觀察防護衣，以及淋浴間的地板，提出值得注意的細節，說不定那就是證據！警察在排水孔附近找到一些白髮。

線索5：要打開放疫苗的冰箱，必須輸入只有研究員才知道的密碼。從右往左，觀察這些物品的數量，並解開密碼。

線索6：警示系統有好幾條電線被人剪斷。請找出所有警鈴失效的房間及設備。

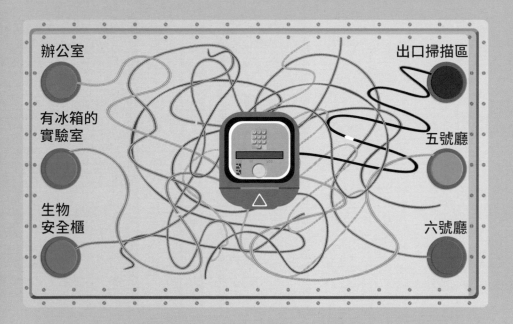

辦公室

有冰箱的實驗室

生物安全櫃

出口掃描區

五號廳

六號廳

線索7：請看右邊線索7的人員照片，這是兩名守衛，和整個研究小組的個人照。仔細觀察他們的臉和手，然後回答下列問題：

－ 誰的頭髮跟留在現場的頭髮相同？

－ 誰的頭髮已經快掉光了？

－ 警察找到的白髮是誰的？

－ 誰的手上戴著可能鉤破手套的東西？

> 你認為犯人是單獨作案嗎？
> 阿峰有沒有嫌疑呢？

線索1 提示

對照注音表，把符號改成注音，例如，□是ㄅ，ㄥ是ㄐ，◯是ㄙ，⊓是ㄤ，＞是ㄧ，完成後再加上橘色的聲調就能知道答案。

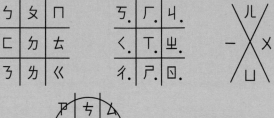

線索7 人員照片

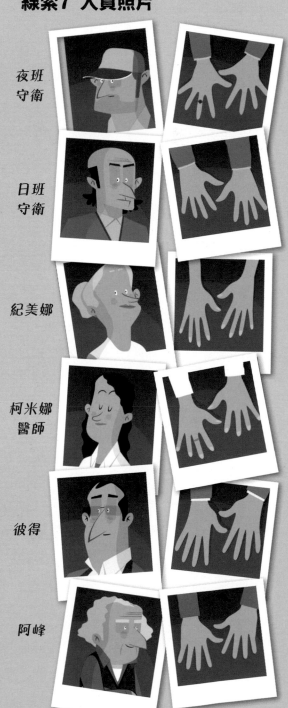

夜班守衛

日班守衛

紀美娜

柯米娜醫師

彼得

阿峰

直播節目傷人事件

每天下午，卡門都要主持家庭競賽直播節目。這個節目已進入第二季，可見卡門是很有潛力的電視節目主持人。今天，節目進第一段廣告的時候，攝影棚中間的布景突然倒下來，砸到卡門的背，雖然卡門只受了一點小傷，節目仍被迫中斷。這起事件不像是意外，需要警方介入。

倒下的布景離地面還有一點縫隙，從那裡可以看見地上有幾個滑輪，還有好幾條斷掉的纜繩。在那附近還有一個打火機，上面刻了「羅」字。除此以外，還有一條沾有油汙的手帕、一片扯破的牛仔布和一個打開的手提包，裡面裝著一把鋸子。

根據證詞，我們知道當時負責裝潢的工人有九位。芙洛拉是製作助理，羅伯特是電視臺總監，他們在攝影棚外聊天、喝飲料。芙洛拉對羅伯特說：「尼斯特真沒用，看著卡門把我當傭人使喚卻不吭一聲，我已經受夠了！」總監說，他知道卡門被其他電視臺挖角，因此打算在卡門辭職之前，先一步把她換掉。卡門這時也走出來，抱怨她總是被拍得很醜，她說：「我一定要跟尼斯特告狀！」

尼斯特是節目製作人，他留在攝影棚裡向員工抱怨卡門有多麼驕傲，總監卻什麼也不管。不久後，助理芙洛拉走進攝影棚，她告訴尼斯特，卡門有話想跟他說。於是，尼斯特走去休息室找卡門，不過，才進去一下子，就出來了。芙洛拉說：「我從尼斯特的袋子裡拿了幾顆藥和一些紙巾，然後前往卡門的休息室」。

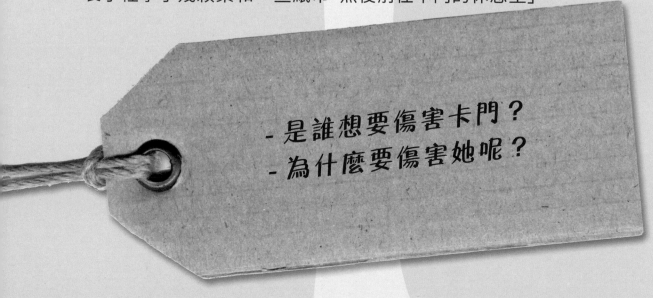

- 是誰想要傷害卡門？
- 為什麼要傷害她呢？

線索1：仔細觀察現場，你認為哪些人有嫌疑？有哪些重要的證據？

線索2：除了卡門和芙洛拉，還有一位員工也穿著牛仔褲。根據以下提示，你知道這個員工是誰嗎？提示：他戴著眼鏡和帽子，臉很圓且沒有鬍子。參考下頁右邊線索2所有員工的照片。

線索3：以下是三人身上的牛仔褲特徵，請講出三個相同的地方。

— 卡門穿著淺色牛仔褲，緊身、低腰，後面有紅色商標，兩側都有口袋，膝蓋有破洞。
— 芙洛拉的牛仔褲下擺寬大，顏色比較深，不是低腰，商標貼縫在後面，膝蓋有破洞，兩邊都有口袋。
— 另一位員工穿著褲管很寬的牛仔褲，顏色很深，高腰，一邊一個口袋，商標縫在後面的口袋上，膝蓋的地方有破洞。

線索4：參加節目的來賓包含一個爺爺、一個奶奶、兩個爸爸、兩個媽媽，還有三個女兒、兩個姊妹、一個兒子、一個弟弟和三個小孩。事發突然，芙洛拉只能臨時叫車送他們回家。算一算總共有多少乘客呢？十六人，還是更少？

線索5：鋸斷纜繩要花一分鐘。如果想把纜繩鋸成七段，要花多少時間？

線索6：案發現場有一個可疑的手提包，不過縫著主人名字的地方只剩下線頭。按照右邊線索6的線頭分布，找出手提包的主人。

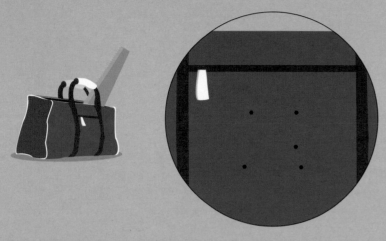

線索7：審問尼斯特、芙洛拉和羅伯特三個嫌疑人。這三人當中，有一人一直撒謊，另一人不完全講真話，第三人則從來不騙人。問話的內容是他們各自的興趣。看了他們的回答，你知道誰說真話，誰說假話，誰的回答半真半假嗎？

- 芙洛拉：「我喜歡畫風景。尼斯特的興趣是滑翔翼，羅伯特喜歡攝影。」
- 尼斯特：「我是打擊樂團的成員，還參加了巴西打擊樂表演。羅伯特喜歡動手拼裝東西。要是問到芙洛拉，她會告訴你，她喜歡畫風景。」
- 羅伯特說：「芙洛拉的興趣是攝影，尼斯特喜歡玩滑翔翼，我喜歡拼裝東西。」

線索8：廣告期間，大家都有不在場證明，表示自己的清白，而且沒人有理由傷害卡門。閱讀以下紀錄，然後根據所有證詞和證據，揪出犯人。

- 羅伯特說當時他在跟家人講電話。
- 芙洛拉當時正從布景後面走出來，剛好看到卡門走向廁所。
- 尼斯特說當時他在攝影棚裡跟員工聊天。

線索2 員工照片

線索6 線頭分布

尼
芙
卡
羅

你已經知道是誰一直在撒謊，而且不想讓卡門繼續主持節目了吧？

真相大白

兵不厭詐

1. 輪鞋、安全帽、球棍、有油汙的扳手、磚頭、銅管。

2. 除了技術人員，大家都在說謊，可能是因為害怕，或有罪惡感。

3. 4號櫃。

4. 不要連著讀那些字，答案是「隊中有人不想讓我上場」。

5. ・扳手
   ・先發名單
   ・寫了字的紙條
   ・剪報

6. D：馬丁。阿多夫一旦復出，馬丁就會受到威脅，因為他將失去擔任隊長的資格。

7. 那是馬丁的背影。

8. 犯人是馬丁。

阿多夫雖然暴躁又驕傲，讓教練和防護員很失望，但是他們不會因此動手傷人。阿多夫養傷期間，馬丁一直代替他出賽，表現極佳。然而，馬丁從報紙上看到消息，阿多夫即將復出，參加運動場落成比賽。這件事讓馬丁非常在意，這代表他擔心的事真的要發生了。他決定要想辦法讓阿多夫知道，他很不甘心自己只是阿多夫的替身。而阿多夫也留下密碼，暗示有人不想讓他回到隊上。比賽開始前幾小時，馬丁在先發名單上看到自己的名字被教練劃掉。他居然連這一場都不能打！馬丁氣壞了，順手從施工地拿了一支扳手，趁阿多夫背對他淋浴的時候，用扳手狠狠打了阿多夫的膝蓋，造成阿多夫二度受傷，比賽也因此取消。

名畫失竊案

1. 這些測驗大部分都會用到機器或化學試劑，必須在實驗室進行。不過，有兩種測驗方法比較簡單（檢查釘子和檢查木材），只需要工具把畫取出畫框。而拉蒙靠著仿冒品上的衛星天線一眼看出這幅畫是假的。不過在這個階段，沒有人可以免除嫌疑。

2.

3. 菲德爾在1940年完成這幅畫，那時衛星天線並不存在。

4. 地圖、機票和舊釘子。

5. 約翰、瑪利亞

6.

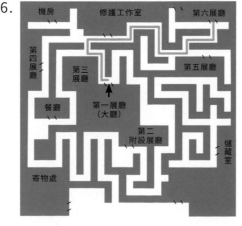

安娜最先提出重要的線索，她告訴警方主管室曾在五天前下令把畫取走。拉蒙早在那之前就已經確認畫沒有問題，是真品沒錯。館長、拉蒙和博物館其他員工都被排除嫌疑。各種證據（尤其是飛往塞席爾的機票）都把矛頭指向瑪利亞。但是約翰也一樣可疑，因為他也有一張飛往塞席爾的機票，而且還有曼谷某間拍賣場的電話。約翰懂藝術，知道這畫的重要性，也清楚它能賣多少錢。他是這次竊案的主腦，瑪利亞是配合他的共犯。他們的計畫是要把畫布塞進展廳那張桌子的桌腳，然後從博物館運出去，最後轉賣到曼谷。從此躲在天堂般的塞席爾島，誰也找不到。

7. 拉蒙和瑪利亞都有鑰匙。瑪利亞有鑰匙非常正常，因為她是管理人員。反而是拉蒙，他沒有理由擁有鑰匙。

8. 小偷是約翰和瑪利亞。展廳裡的工具和顏料確實是用來取下原畫，並製造假畫。他們想要把真畫捲起來，塞進桌子的腿裡，然後從博物館運出去。

綠洲郵輪破壞事件

1. 女侯爵的供詞是假的，先前提過她每年都會搭綠洲郵輪度假。大副的供詞也可能是假的，因為輪機長說過，他曾到控制室去找大副，但沒看到人。不過目前我們還不能斷定輪機長是否說謊。

2. 這是值得注意的細節，提供我們某些訊息，讓我們知道誰跟此案有關。

船長　保全隊長　輪機長　大副

3. 除了下面這種工具以外，其他都可以用來轉開螺絲。仔細看，螺帽是六角形，但下面這隻扳手的開口卻是圓形的。

4. DJ說他當時離吧檯大約三百公尺，因此無法從臂章判斷女

侯爵身後那人是不是船長。

5. 袖子是在轉開螺絲的時候被扯破的。

6. 便條上寫著：「計畫繼續執行。竊案會發生在舞會那晚，放心，船隻不會受到太多破壞。我們一

女侯爵每年都帶著她養的狗和二十克拉鑽石白金項鍊搭乘綠洲郵輪。時間久了，她跟大副成為朋友。他們在去年的旅途中決定，要假裝項鍊失竊，藉此向保險公司好好敲一筆，得到的賠償兩人均分。因此，大副撒了謊，女侯爵的項鍊失竊時，他不在控制室。真正的事發經過是這樣的：大副跑去機房把螺絲轉鬆，用這種方法造成輕微騷動。轉螺絲的時候，大副扯破了制服。接著他回到舞會，這時大家已經亂成一團，他站到女侯爵身後，假裝偷走項鍊。DJ因為離得太遠而看錯制服上的臂章，以為是船長站在女侯爵後面。鑽石就放在大副的保險箱裡，證明了他就是犯人。

定可以騙過保險公司，一定會成功的。」

7. 完成這道計算題就能解開保險箱密碼：0.2X6,200X20 ＝24,800

商場離奇大火

1. C，19點05分

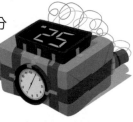

2. **彼得**：肥胖、脖子很粗、肚子很大、黑色短髮

   安德列：個子很小、鼻子又圓又長、金髮、臉型橢圓且曬得很黑

   露西：鼻子又尖又翹、綁馬尾、薄嘴脣、又高又瘦

   麥克：駝背、禿頭、白色眉毛、下嘴脣突出

   老吳：方臉、沒精神、穿吊帶褲、橘髮

3. 唯一符合這段描述的人是職員安德列。有影像作證，他離開的時間是18點30分

4.

	彼得	露西	麥克	老吳
1	真	假	真	真
2	假	真	真	真
3	真	真	真	假
4	真	真	假	真

5. 會計師說警鈴響起之前，他都沒有離開辦公室，但老吳去找他的時候，卻沒找到他。在這段對話中，會計師提到定時器設定的時間是19點05分，露出了馬腳（警察沒跟嫌疑人提過這件事）。除此之外，會計師跟安德列的會議也是謊話，那時安德列已經下班了。

6. 配電箱：C，麥克；保險箱：B，露西。

安德列在18點30分離開商場（監視器紀錄可以證明）。19點05分，老吳離開工作崗位，因此可以列為嫌疑人。不過，警方相信老吳說的話，19點的時候，會計師麥克不在自己的辦公室。這句供詞加上麥克自己說溜嘴，講出定時器設定的時間，這些都證明麥克就是犯人。露西也說了謊，她說警鈴響起時，她人在廁所，但老吳卻看到她走上樓梯。事情的經過是這樣的：火災發生的時候，露西去麥克的辦公室，拿走保險箱裡的錢，放進手提箱，接著走到頂樓，拿起麥克事先準備好的繩子，綁在手提箱上，然後把手提箱垂放到商場側面的小巷子。而麥克則在下方接應，拿走手提箱，藏到停在巷子裡的車上。

7. 我們可以從最後一則提示（麥克是其中一個犯人）推理出來，彼得和老吳都是清白的，這樣一來，就能推知另一個犯人是露西。

派對驚魂

1. B。

2. 可能是左邊這隻鞋，但右邊這隻靴子上有泥土，可能是陽臺底下的土。

3. 走法有：
   1→6→7→3→4
   1→2→3→8→5
   1→2→7→8→4
   4→3→7→6→1
   4→3→2→6→5
   4→8→7→2→1
   5→8→3→2→1
   5→6→2→3→4

4. 祕密訊息是：**把車開來，我們大宅見**

5. 嫌犯的車是第二排右邊那輛，只有這臺車符合所有描述。證詞的錯誤是，壞掉的車尾燈在左邊，而不是右邊。倒數第二則證詞的B其實是8。

6. 想要破案，最好要找到指紋，或其他證據，像是頭髮或衣服的碎片等等。以這個案子而言，園丁可能是用小鏟子傷人。鏟子上有一些土，跟魔術師身邊，還有陽臺上的土一樣。

7. 雨靴的靴底黏著雜草和枯葉，魔術師昏倒的房間陽臺底下也有雜草和枯葉。

花園裡的鞋印和園丁木屋裡的靴子都指向一個事實：魔術師吉爾和琳達在房內準備表演的時候，園丁曾經進入那個房間。解開玻璃上的祕密訊息就能肯定，園丁和魔術師助手互相認識。園丁木屋裡的鏟子沾有泥土，跟落在魔術師房內的泥土是一樣的。這兩條線索都告訴我們，園丁就是犯人，而且他有合夥人，那就是唯一知道有新鎖的琳達。她知道打一把鎖要花多少時間，還有鎖的價值。琳達和園丁都是犯人，他們一起策劃了這次的竊盜傷人事件。兩人打算把鎖賣給其他魔術師，讓吉爾不能到各國巡迴演出。大家都嫉妒吉爾的才華和成就，所以不怕鎖賣不出去。園丁開著琳達的車逃走，接下來的計畫就如同祕密訊息提到的那樣，他們要在大宅碰面。

8. 所有的線索都指向園丁（雨靴、魔術師身邊的土、花園裡的鞋印，還有打昏魔術師的鏟子等），但是他有共犯，那就是他的朋友琳達。

天王金曲竊盜事件

1. 馬丁：19／帽子：33
   迪哥：37／路痴：35
   不過，目前還不曉得休息室房號重不重要，也不知道這能不能幫助破案。

2. 可能的凶器：花盆、檯燈、凳子
   可能留下指紋的地方：房門、櫥櫃、吉他盒、桌子、鏡子、水杯、花盆等

3. 阿雷、迪哥、安德列

4. 藝人用廂型車的輪胎痕最寬。比較窄的痕跡是阿雷的車造成的。重複進出的痕跡則來自安德列的車。

5. 安德列說謊。如果房間裡的人把門鎖上了，下一個人怎麼可能「突然」進入休息室？

6.

7. 以下全部都是安德列犯案的動機：
   — 他要破產了，所以打算賣掉帽子的吉他，換得一些現金。
   — 阿雷是安德列的競爭對手，安德列想要扯阿雷後腿。
   — 饒舌天王樂團把他開除，他忍不下這口氣。這麼做是為了報復。
   — 他偷了新專輯的歌，想要拿給自己代理的樂團。

安德列要破產了，而且他很氣饒舌天王，那是他一手挖掘、捧紅的樂團。他本來在後臺欣賞他們重返舞臺的樣子，後來他走到休息室附近，等他們簽完名。安德列知道，帽子習慣在簽完名以後洗澡，所以他趁機走進帽子的休息室，想要偷走吉他和露營用冰箱。帽子總是在冰箱裡塞滿飲料、紅包及其他重要的東西。安德列沒料到，他一走進休息室，就撞上帽子。他一時緊張，順手拿起身邊最近的東西（花盆）朝帽子的頭砸去。接著，他拿起吉他和冰箱，連冰箱裡的新專輯也一起帶走了。臨走時，還故意把現場弄亂。他打算賣掉吉他，換點錢來用，並把新歌拿給自己代理的樂團。警察審問的時候，他撒了謊，吉他、冰箱和新專輯全都藏在他的車裡。

劈哩啪啦馬戲團事件

1. 丹堤·加披耶里，團長，義大利人。
   阿樂·伊瓦諾夫，經紀人，俄羅斯人。
   塔麗蓮·巴斯雷夫，鋼索雜技師，俄羅斯人。
   阿東·易谷恩，技術主管，西班牙人。

2. ㄅ／ㄎ／ㄨ／ㄐ／ㄐ／ㄖ
   不／可／忘／記／家／人

3. 先看看技術主管的回答，他的兩句話都是實話。他是西班牙人（不是俄羅斯人），而且在馬戲團擔任技術組的組長。接著再看經紀人的回答，他的第一句話是真的，表示他不可能撒兩次謊。這樣推理下去，就可以知道，達米雅的兩句話都是謊話。阿樂確實有教她寫祕密文字，鏡子上的字也不是技術主管寫的。

4.

   由左到右分別是：空中絲帶、高空雙繩特技、空中飛人、空中吊環。

5. 全部都是達米雅的。止滑粉是空中飛人為了抓牢高空橫槓用的。裙子的裝飾來自達米雅的洋裝。羽毛來自達米雅頭上的裝飾。大便不用講你也知道是誰的。

6. 那是馬和狗的腳印。路線行經達米雅的露營車和大戲棚。地上沒有人的腳印，因為

大家都很期待塔麗蓮加入劈哩啪啦馬戲團。不過，這裡的「大家」不包括某些被塔麗蓮搶走風頭的人。達米雅一直是馬戲團的大明星，她年輕又聰明，來自摩洛哥，是很優秀的空中特技人員，跟塔麗蓮經紀人關係緊密。達米雅在接受警方審訊的時候撒了謊，她不但懂得塔麗蓮和阿樂之間的祕密文字，還用這種字在鏡子上留下訊息，想把罪行推給塔麗蓮的家人。不過，戲棚裡的指紋和證據都顯示，達米雅就是犯人。小丑的證詞幫助我們找出事情的真相：達米雅生氣自己不再是馬戲團的大明星，於是騎著馬，帶著狗來到大戲棚，爬上空中橫槓，然後用小腿勾住橫槓，倒掛在半空中。接著，她把馬兒的韁繩綁在塔麗蓮表演用的鋼索支撐架上，掛在橫槓上指揮馬兒，叫馬拉倒柱子。

達米雅騎在馬上。

7. 達米雅是非常優秀的空中特技藝人，她用小腿勾住高空橫槓，頭朝下，把韁繩的一頭綁在塔麗蓮表演用的鋼索支撐架上，然後指揮馬，叫馬拉倒柱子。

感染病疫苗失竊事件

1. 密碼的內容是：
   ㄓㄜˋ／ㄕˋ／ㄨㄛˇ／ㄇㄣ·／ㄉㄜ·／ㄧˋ／ㄇㄧㄠˊ。

2. — 日班守衛在19點34分離開
   — 柯米娜醫師在19點37分離開
   — 製藥廠老闆在19點43分離開
   — 阿峰在19點48分離開
   — 彼得在19點55分離開
   — 紀美娜在20點13分離開

3. 就目前的資訊而言，阿峰、紀美娜和遲到的夜班守衛都有嫌疑，日班守衛沒等夜班守衛交接就先離開，也顯得可疑（他離開時可能沒有按安全程序掃描下班）。

4. 排水孔和淋浴間的地板上有好多黑色的頭髮，但是也有一些白色頭髮。地上的手套中指有破洞。

5. 密碼是41321。

6. 有冰箱的實驗室以及生物安全櫃的警示系統線路都被剪斷了。出口掃描區的線路則有重

接的痕跡。

7. — 柯米娜醫師、彼得和日班守衛
   — 日班守衛
   — 阿峰
   — 柯米娜和夜班守衛，但是柯米娜的戒指很平滑，不會鉤破手套。

警方在竊盜現場找到一隻破掉的手套，這個證據指向了夜班守衛。但我們馬上就查出他不可能單獨作案，真正的犯人其實是阿峰。他不想繼續當B咖，所以跟佳豪製藥廠聯絡，並向對方保證，只要付他一大筆錢，他就立刻把疫苗交給佳豪製藥廠。偷疫苗的那天下午，阿峰找來製藥廠老闆，假裝是要開會，其實是來剪斷實驗室和生物安全櫃的保全線路。此外，阿峰還把日班守衛的頭髮放在淋浴間地板，製造日班守衛才是小偷的假相。接著，他在冰箱裡貼了紙條，並拿走疫苗。離開以前，阿峰還把出口掃描區的警示線路剪斷，等到守衛帶著疫苗離開以後，才把線路重新接好。

直播節目傷人事件

1. 重要證據：
   - 斷掉的纜繩
   - 滑輪和鉤子
   - 裝有鋸子的手提包
   - 沾到油汙的手帕
   - 有「羅」字的打火機（羅伯特暫時列為嫌疑人）
   - 牛仔布，之後會提到穿著牛仔褲的人包括卡門、芙洛拉和另一位員工

2.

3. - 兩側都有口袋
   - 膝蓋有破洞
   - 商標在後面

4. 總共有七人，他們都來自同一個家庭，成員包括：祖父、祖母、爸爸、媽媽和三個孩子（兩女一男）。祖父母是媽媽的父母，所以總共有兩個爸爸和兩個媽媽。媽媽自己也是女兒，所以總共是三個女兒。載他們回家不用大巴士，一輛廂型車就夠了。

5. 六分鐘。如果想把纜繩鋸成七段，必須鋸六次，每次一分鐘，所以總共要鋸六分鐘。

6. 線頭分布組成尼斯特的「尼」字。

7. 尼斯特說：「要是問到芙洛拉，她會告訴你，她喜歡畫風景。」這句話是真的。也就是說，他不是一直撒謊的人。如果尼斯特的回答半真半假，那另外兩人就有一人一直說謊，一人始終老實，但這是不可能的，因為兩人都提到尼斯特喜歡玩滑翔翼。那麼，如果尼

節目開始之前，芙洛拉去卡門的休息室幫卡門拿藥。途中她經過其他員工工作的地方，趁機拿走一把鋸子，她還拿了尼斯特的手提包（而不是像她講的只拿走紙巾）。在卡門的休息室裡，芙洛拉看到卡門先前跟羅伯特借的打火機，於是也順手拿走了。廣告期間，芙洛拉有的是時間，她拔掉固定布景的鉤子，鋸斷纜繩，把鋸子放進尼斯特的手提包，然後把手提包放在地上。同時，也把沾有油汙的手帕和羅伯特的打火機丟在地上，打算把罪證賴給別人。但案發現場的牛仔布是從她褲子扯下來的，她在鋸纜繩時，褲子不小心被釘子鉤破了。布景倒下來後，芙洛拉陪卡門到醫護室，假裝自己是專業的好夥伴，其實她在心裡偷偷討厭卡門。經過調查，就可以發現芙洛拉常常撒謊，而且容易嫉妒，她這麼做只是為了趕走卡門，不讓她繼續主持節目。

斯特從來不說謊，羅伯特就真的喜歡拼裝東西，就像羅伯特自己說的那樣。因此可以推斷，羅伯特是講話半真半假的人，芙洛拉則是一直說謊的人。

8. 犯人是芙洛拉。

偵探研究所
明察秋毫
高明偵探獎

恭喜你成功破解這九個案件，把獎章印出來，辦一場頒獎典禮吧！

犯人就是你！找線索、解密碼、玩推理，給孩子的燒腦遊戲書

作　　者｜安潔絲·納維多 Àngels Navarro

繪　　者｜喬帝·桑耶 Jordi Sunyer

譯　　者｜李家蘭

責任編輯｜李宓

書籍設計｜陳宛昀

行銷企畫｜陳詩韻

總 編 輯｜賴淑玲

社　　長｜郭重興

發 行 人｜曾大福

出 版 者｜大家出版

發　　行｜遠足文化事業股份有限公司 231 新北市新店區民權路108-2號9樓

電　　話｜(02)2218-1417

傳　　真｜(02)8667-1065

劃撥帳號｜19504465　戶名｜遠足文化事業有限公司

法律顧問｜華洋法律事務所 蘇文生律師

初版一刷｜2019年1月

初版八刷｜2023年3月

ISBN｜978-986-97069-7-1

Original title: Cas obert
First published in Catalan and Spanish by
© 2017, Combel Editorial, S. A.
© Àngels Navarro, for the idea, the contents and the art direction
© Jordi Sunyer for the illustrations
Design and layout, Núria Sola
This Traditional Chinese edition is published
By arrangement with Combel Editorial, S. A.
Through Mercury Bookrights Service